JN062415

老いの場所から

小沢牧子

小澤昔ばなし研究所

装丁　小林将輝

目次

老いの場所から

「人にどう思われるか」の時代

目立つことへの不安

　電車に乗って「優先席」が空いているとき、高齢者のわたしはなるべくそこに座ることにしている。もっとも、年齢層で人の居場所を分ける考え方をいいとは思わない。以前の横浜市営地下鉄のように、「ゆずるべき人がいたらいつでもゆずる、だから全席優先席」と当たり前に筋を通すやりかたこそが気持ちいい。その方針をわたしはずっと応援してきたけれど、席が決められている車内では止むを得ない。

　その優先席に座っていると、ときどき気にかかる場面に出会う。それは空いている優先席に座っている若い人の近くへ、お年寄りが乗ってきたときの光景である。身軽に立ち上がって席を勧める人、あわてて寝たふりをする人いろいろだが、それはそれで別にいい。寝たふりは感心しないにしても、疲れていればそれなりに自然だ。ところがそのどちらでもなく、困ったように身体が固まっている若い人をときどき見かける。さきに気にかかる場面と書いたのは、そのことだ。「まずい、ゆずらなくちゃ」と思いながら動けずにためらっている様子が、いかにも不自由で居心地が悪そうなのだ。

「それはね、ゆずるのがイヤなんじゃなくて、自分が目立つことがイヤだからなんですよ」と説明してくれた若い人があった。なるほど、きっとそうなんだろう。それにしても、席をゆずるくらいのことでそんなに悩むとは？ 自分の行動をそれほどまでに気にする若い人が、どうして最近増えたのか？ いや、若い人ばかりではなく、「人にどう思われるか」を過剰に気にするのは、どうやらこの時代の特徴になっているようだ。自分もきっと例外ではなかろう。その気がかりを追いかけてみたい。

「臆病という病気」の蔓延

これほど敏感に人を気にする空気は、いつのころから広がったのだろう。この風潮は、きっと「いじめ」とも関係が深い。「弱いものいじめはまずいなと思う、でも自分が目立たないようにそれとなく合わせておこう」。その気分が「いじめ」をエスカレートさせる一因なのだと思う。もっともこの感覚は、いまに始まったものではない。「長いものには巻かれろ」「出る杭は打たれる」「当たらず障らず」など、この種の表現は日本社会にずっと以前からあったのだから。

それでも昨今の傾向は、いささか度を越している。どう思われるかを気遣いながら行動し、よく思われるための自分をアピールし、人に対してますます臆病になる。そうか、「臆病」って文字通り病気だったんだと、あらためて言葉の意味に気づく。一方、臆病な配慮が苦手な人は、子どももおとなも「空気よめない発達障害」などと呼ばれる。周囲に「空気を読みすぎる空気」が充満しているからだ。

「自分が目立つのがイヤなんですよ」というさきの若い人のことばで、思い出すことがある。それはかつて、わたしが大学の講義の場で若い人たちと接していたころの時代的変化だ。八十年代前半のころまでのびのびと授業やゼミで発言していた学生たちが、八十年代後半あたりからしだいに発言をためらうようになり、討論の活発さが失われていった。ゼミのあとの「飲み会」でわたしがその気がかりを話題にしたとき、ある学生が言った。「それは、ぼくら偏差値世代がこれまで学校でずっと評価づけにされてきたことと関係があると思いますよ。いつも自分が人からどう評価されるかを気にして行動する。偏差値が高すぎれば仲間から浮くし、低すぎれば見下げられる。だから大学のゼミの場でも、あんまり冴えたこと言ってもなんだし、かといってくだらない奴と思われたくはないしと気になって、自由な発言がなかなかできないんですよ」。

長い年月にわたって続く評価づけの学校生活が、子どもや若者の意識や行動を縛りつけ不自由な気分にさせる一因になってきた経緯を、この学生は語っていた。学力偏差値体制が世に浸透したのは八十年代に入ったころだから、なるほど数年後の学生変化もそれに対応している。偏差値競争からはずされ無視された中・高生による「校内暴力」とよばれる行動が全国に広がったのも、八十年代の初めだった。「評価」はまさに諸悪の根源である。

そこで八十年代後半の臨時教育審議会は、学業評価に加えて子どもの「個性」や「自由」の重視を打ち上げたが、蓋をあけてみればそれは「個性の評価」や「競争の自由」という、より厳しい中身に行きつくものだった。子どもたちは「高い学業成績」に加えて「高く評価される個性」を求められながら際限のない競争を勝ち抜くという、より過酷な課題にさらされることになった。きれいな言葉には、しばしば毒矢が仕掛けられている。

その後三十年を経たいま、社会のあらゆる部分に広く深く浸透した評価の装置は、おとなの暮らしをもすっぽりと覆った。業績評価、自己評価、行動評価などに加えて資格制度の氾濫。九十年代からゼロ年代にかけて世に広められた「自己決定」や「自己責任」の流行、つまり「何事もあなた自身のせいですよ」という残酷な追い打ちがそこに重なった。おとな同士も孤独に競い合い、「人にどう思われるか」の日々を生きる。子どもをずっと評価という縄で縛ってきたおとなは、いまや同じ縄で自分の首を締めている。

大学の場で「便所飯」という奇妙なことばが聞かれるようになったのも、そのころのことだ。いっしょに昼食をとる友人が見つからず、ひとりで食事をする姿を見られたくないとトイレにこもってモノを食べる行為のことで、新聞にも報道された。まさかそこまでと疑って知り合いの学生にたずねると、「ほんとです。昼休みに大学のトイレに入ってごらんなさい、パンの袋をバリバリ破る音があちこちの個室から聞こえますから」と言った。ちょっと、それはないだろう。そんなに人の眼を気にしないで、ひとりでものんびりおいしく食べようよ。空の下、太陽や雲や風はいつでもいっしょなんだから。

共有部分を自覚する

自分を低く見られたくないという強い願望は、人から高く評価されたいという願望と一体である。電脳技法の世界にはまったく暗いわたしだが、「ブログになにやらをアップする」という表現をよく耳にする。それは多くの人と画像や文章を共有しながら自分の体験や考えを分かち合う上で、さぞ便利な方法なのだろう。ただ、従来は自分のために書くものだった日記が他人に見せる記録づくりの作業となり、ときには自己アピールの場となって、心身の体験をじっくり味わうひまがなくなりやしないかと、老婆心が頭をもたげる。

たとえば旅に出る。ゆっくり自分の眼で眺め、感じ考える新鮮さを味わう楽しみよりも、他人に見せる写真を撮りまくる時間に追われはしないだろうか。

旅が業績づくりの場になっては、旅の意味が半減する。人がバラバラに周囲からの値踏みにさらされレッテルを貼られるこの時代に、旅は、誰をも公平に包む自然の姿に気づく得がたい機会をくれるのだから。

それぞれの個性はもちろんだいじだ。でも、人は自然のもとでけっこう似たり寄ったり、そんなに違わない存在だという共通意識こそ、もっとだいじだ。人からの評価におびえる臆病という病からの回復は、個人差への関心を越えて人の共通性を自覚することから、やっと始まるだろう。

優先席でのエール交換

優先席の話でこの文を始めたので、さいごに優先席利用者ならではの珍風景をひとつ。

ある日わたしは、乗車ドアからいちばん遠い優先座席で本を読んでいた。ドアに近い隣席に座っているのは若いカップル。そこへ、かなりの年輩と思われるおじいさんが杖をついて乗ってきた。足もとがおぼつかない様子なので、わたしは近くの若者が席をゆずるだろうと、本から目を離して眺めていた。だが、誰も席を立つ様子がない。電車が揺れたとたん、おじいさんはよろけて危うく転びそうになった。とっさにわたしは立ち上がり彼の腕を支えて席に座ってもらい、そのあとドア口の傍らに立って本の続きを読んでいた。するとなぜか、かのおじいさんが座席からにこにこ笑いながらわたしに片手を振っている。見るとその指先には小さな補聴器が揺れているではないか。さっきわたしがあわてて眼鏡をはずして立ち上がったとき、眼鏡のつるにひっかけて床に落としたのだ。「これ、あなたのでしょ?」「あっ、そうです。ありがとう、それなくしたら大変!」「わたしは杖をなくしたら大変。あはは」「だんだん持ちものが多くなるから、おたがい気をつけましょう」「その通り」。車内で初対面のわたしたちは、その場で思わずエール交換をしてしまった。人は誰しも老いていくというだいじな共通項は、お互いを親しくさせる。

それにしても、あれは明るいおじいさんだったなあ。若い人に席をゆずられるのも嬉しいけれど、高齢者がどんどん増えていくいま、気軽な老々共助もまたおもしろい。

娘たち世代への応援

世の中への脱出

若葉が風に揺れる日曜日、若い女性の訪問客があった。五十代はじめの女性Yさんである。えっ、五十代で若い女性？　といぶかしく思われるかたもあろう。でも、誰もがゆっくり歳を重ねる高齢社会にあって、中年女性たちはいまほんとうに若々しい。

Yさんとわたしは彼女が学生時代からの知り合いで、このたび二十年余をへだてた再会。「変わらないなあ、Yさん！」が、わたしの第一声であった。結婚し子どもたちはすでに成人したYさんは、数年前に離婚して、いまは情報関係の会社で働いているという。苦労もあるだろうが、まっすぐな眼差しがすがすがしい。

「ずっと社会で働きたいと思っていた、でも夫がどうしてもそれを認めなかった、それが離婚の理由」と語る。やれやれ、「女は家に」の言説がいまもって生きているのか。同じ女性としての立場から、わたしはその孤絶感を十分に想像できる。しかしそんな時代は過ぎたものと、うかつにも思っていた。ところが、「男は上で外、女は下で内」の圧力は、働き盛りの世代をいまもって苦しめている。何ということか。

もっとも、男女の非対等な関係がもし改善されているなら、昨今さかんに報道される「セクハラ問題」が頻発することもないはずなのだ。けしからん。

「女の子はお嫁さん」のころ

と憤慨しながら、かつて自分の時代はどうだったかと振り返る。この際、過去の時代と自分自身の体験を思い起こしてみたい。自分の体験と大仰に言ってもたいした話はないのだが、それでもYさんを悩ませた「女は内」状態がもたらすあの孤絶感だけは、いまも鮮明に覚えている。わたしの場合、連れ合いの意向と関係はなかったが。

まずは、時代背景からの話である。Yさんと同じようにわたしも、「世の中につながって働きたい、苦労はあっても社会を知りたい、男であれ女であれそれが当然」と、高校生のころから考えていた。六十年以上も前の当時としては、少数派だったかもしれない。なにしろ「女の子はお嫁さん」、つまり「女は内」の考え方が当たり前の時代だったから。

それでも、その「常識」はヘンだとはっきり感じていた。生まれて生きていくからには、まず身の回りのことが出来るようになり、やがて働いてなにがしかの収入を得、仕事を通して自分が生きている社会を知っていく。それが人の自然であり基本なのだと思っていた。

高校生のころにたまたま読んだイプセンの小説『人形の家』に衝撃を受けたことをはっきり覚えているから、書物からもらった考え方に励まされた面もあったかもしれない。加えて男女差別の少ない家庭環境もあった。

両親はともに明治末期の生まれで、男女役割についての考えなど、ほとんど口にしない人たちだった。しかしふたりは実際に自営（牧場経営）の共働きだったし、男女長幼の差にとらわれない日常があった。母は家事の合間に家業の用事でしばしば外へ出かけたし、父は家業のほかに家の掃除もまめにしていた。

わたしは女二人男二人の四人きょうだいの二番目だが、「男だから、女だから」「年上だから、下だから」というたぐいの言葉を親から聞いた記憶はない。もっとも、女の子もおとなになったら仕事を持つのがよいという直截な言葉を聞いたこともまた、なかったのだが。

結婚したのは二十四歳のとき。大学生活を終えて、精神保健についての研究所での研修生活に入り、非常勤の小さな仕事を始めたばかりだった。だが相方の職場が遠方の地だったので、わたしはうっかりと仕事をやめて、結婚相手の住む土地へ引っ越した。学籍や仕事によって世の中とつながる方法をもたない、「女は内」状態の初体験だ。夫は「女は内」という考えを持つ人ではなかったから、自分自身で招いた軽率な無職状態である。

浮き根草の心もとなさ

はたと気づくと、学業や仕事を通して社会とのつながりをもたないその状態は、土から根の浮いた草のように、心もとないものだった。社会に足場をもたない浮遊感。

「結婚したら女は内」との社会通念がいくらがっちりと作られていても、不自然なものはあくまで不自然で、本人には通用しない。その浮遊感は、あたらしい土地でふたたび小さな仕事を得ることでいったん解消したが、数年後にはまたその問題が出現した。はじめての子どもが生まれたあとのことである。

毎日が忙しく過ぎ、子どもは可愛くおもしろい存在には違いなかったが、社会に足場をもたない孤絶感は、以前と同じようにやってきた。子どもの世話という忙しさがあろうと、その欠落感は埋められない。

この二度目の体験は、男女を問わず大なり小なり自分の仕事を持つことが必要なのだという、自分の確信を強めた。もちろん、老いたり病んだりして働く体力がなくなったときには、別の展開があるのだが。

育児休暇や手当など、女が働き続けるための制度的な保障はもちろん必要である。しかしいちばん必要なことは、「女は内」言説にとりこまれずに、社会で働く意志を本人がはっきりと持ち続けることだ。「女も男も外と内」という当たり前の考えを手放さずに。

最近、『女の子が生きていくときに、覚えていてほしいこと』という本に出会った。著者は『毎日かあさん』の漫画で知られた西原理恵子さん。母親でもある五十代の西原さんは、成人して社会に出ていくご自身の娘さんとその世代に向けて、この痛快な本を書いている。ご自身の破天荒な体験をユーモアと迫力を交えて伝えながら、これから社会を歩んでいく彼女たちに、いささかのドスを利かせたメッセージを贈る。ここでは、次の一言だけを紹介しておこう。「女磨きって、エステやサロンに通うことじゃないからね。お寿司も指輪も自分で買おう。その方が絶対楽しいよ」。

ラクではなくても、女の子も働いて世の中を生きていこうよ。それがこの本の表題にもこめられた、だいじなメッセージのひとつである。だからこの書を通しても、今の時代にまだまだ女性たちは「女は内」と格闘していかなくてはならないようだと知る。

でも、理不尽なことと闘っていくのは悪くない。西原かあさんのセリフを借りて、わたしも言おう。「闘う方が、絶対楽しいよ」。

かつては男も家にいた

するど、次の反論がすぐに聞こえる。「そうは言っても、男が外で働き女は家にいるのは昔からの暮らし方だったではないか。その長い伝統をどう考えるのか」。

そうだろうか。昔は電車通勤もなく、たしかに女は家にいたけれど、そのころは男だって家にいたのだ。男も女も同様に、内と外の両方で働いていた。もっとも、老いた男女は内だけだったろうが。

農村漁村山村を問わず、家と地域での男女協業が人の生活の姿だった。もちろん男は外で薪割りを、女は家で縫物をというような労働の質の違いはあったが、それは身体特徴の差、おもに筋力差からくる違いだったろう。

一般に男女の違いといえば、出産がらみの大きな違いのほかには、筋力の差がある。だから狩猟民族では筋力持ちの男たちが狩りをし、女たちは家で獲物の皮なめしなどの仕事をするというように、自然で納得できる役割分担があったのだろう。筋力差があるという理由が根っこのところにあったのだと思う。

そのほかの特徴の違い、たとえば器用であるとか頭の回転が遅いとか人をまとめる力に優れるなどのいわゆる能力差は、性差ではなくおもには個人差である。それが事実に即したとらえ方だと、わたしは思う。

そしていまの時代。体力を使う必要性が減り、情報・消費を中心とする社会のなかでの働き方になって、男女の筋力の違いが働き方に結びつく場面は少なくなった。それなのに、「男は外、女は内」の考えのほうは、頑固に変わっていかないようだ。

そればかりか、「男は外、女は内」という言葉の背後には、「男が主、女は従」という感覚がつきまとっている。働き方の質が変わったいま、「男も女も外と内」という対等関係を目指さなくては、人生が両性ともに楽しくならない。この文の冒頭に記したYさんも、もちろん頑張ってほしい。

女も男も、外と内に

と、この応援文を書いているところへ、夕刊新聞が配達されてきた。紙面を開くといきなり、「男女参画、子どもに迷惑」との見出しが目に飛び込む。安倍内閣の中心部にいる某閣僚の発言である。「子どもはパパよりママがいいに決まっている、ママが一緒にいられるような環境を、云々」。

相も変わらぬ「女は内に」の呪文だ。せめて新聞のほうが、「またまた、こんなこと言ってますけどー」と、批判をこめて報道しているのが救いである。小さな子どものいる親にも、男女を問わず、働き続けられる環境が用意されて当然なのだから。

しかし、さらに気になることがある。当の若い女性たちが、働き続けることをあきらめ始めているというデータを、最近見かけた。「結婚して子どもが生まれても仕事を持ち続ける方がよい」と答える大学生の女性が、近年大きく減ってきたようなのである。困難な社会背景があるとはいえ、いかにも残念な現象だ。

人は仕事を通して社会につながり、暮らしの糧を得、人に出会い、学び、変わる。「両性ともに外と内」をあきらめないで！　老いの場所からわたしも、娘世代の人たちにぜひ声援を送りたい。

女の子、男の子

雨あがりの小鳥たち

「あ、Yくんだ!」と、傍らの小さい子は近所の友だちの声をすぐに聞きつける。まるで子どもの声専用の特別アンテナを持っているみたいだ。すぐさま、鋏で切っていた折り紙を放り出し、近くの家のベランダから聞こえたひと声を追って、四歳の孫娘は外に飛び出していった。

二日も続いた雨がようやく上がったようで、庭の向こうの遊び場に、子どもたちがだんだん集まってくる。1、2、3…と鳥でも数えるように木の枝越しに眺めると、大小とりまぜて九羽、ではなく九人。そろそろ声変わりしそうな五年生の男の子たち、笑いながら走り回る小学校低学年や幼稚園の女の子たち、おむつのお尻をふくらませた一番小さい子はYくんの弟で二歳だが、たどたどしく、でも一丁前にサッカーボールを追っていく。そのわきで、見守り役のお母さんが二人立ち話。

子どもが多彩に入り混じる、こんな光景はいい。それは昔もいまも変わらない。子どもたちもまた、そんな場が好きだ。近頃の子どもはゲームばっかりして、と嘆く声があるが、それは車社会が遊び場をとりあげてしまったからだ。世に「子ども問題」などなく、あるのは「おとな問題」である。

性と年齢で仕分ける学校

男女大小入り乱れてにぎやかに遊ぶ子ども風景を見ながら、考える。世の中、女の子や女の人がくやしい思いをすることが、まだまだ多い。この先の日々、子どもたちはもっと男女対等にのびのび生きていってほしい。そこでタイトルは、「女の子、男の子」。

ふつうは男の子、女の子の順だから、ここではわざとひっくり返してある。べつにどっちでも構わない、柔軟なのがいいとわたしは思っているけれど、ここでは性差別について考えるので、男女でなく女男の順序にしている。

そうしてみて気づくが、そもそも「女男」という日本語はないのだ。パソコンに入れたとたん、当然のごとくに「序段」と出た。「女男」はありません、とパソコンに断られる。どっちでもいいというわけにはいかない。こうして「男が先、女があと」は、日常の言葉のすみずみに行き渡っている。

英語ではスピーチのときなど「淑女、紳士」の順で呼びかけるのがお決まりだが、これまた性別に逆にこだわっている感じが否めない。「お集まりのみなさま」というような自然な呼びかけがわたしは好きだが、性別にこだわると「紳士淑女のみなさま」となるのだろう。

男が先、女はあと、男は見る者、女は見られる者というような上下関係つまり差別的関係は、残念ながらこの社会に長く根を張ってきた。この理不尽な思い込みや習慣は、先輩女性たちの力の積み重ねでずいぶん正されてきたけれど、テレビで報道される卒業式風景では、いまのところ相変わらず男子が先に、女子がそれに続いて、男女別に入場してくる場面が多く流れる。また制服のスカートが強制されるため、どんなに寒い冬の日々でも女子はズボンを着用できないところが多いと聞く。とりわけ許しがたいのは、混んだ電車の中で身体を触るあのふとどきな行為で、かつてより減ったとはいえ、なくなってはいないらしい。全くもって、けしからん。

男女まぜこぜの名簿から始まる

さて、冒頭の男女・年齢混合で遊ぶ子どもたちの光景にもどる。こんな光景は学校外の生活場面ではふつうでも、学校のなかに入れば様子が変わる。日本の学校は、年齢別の学年と男女別の区分けとで子ども集団を取り仕切ってきた歴史があったからだ。あったと過去形にするのは訳があって、男女別の仕分けのほうは、この二十年ほどのあいだに少しずつ緩やかになってきたらしい。たとえば出席簿など子どもの名簿が男女別でなく男女混合になっている学校は、全国平均でほぼ八割に達しているという。地域によって大きなばらつきはあるようだけれど。

その変化を生み出してきたのは、たくさんの女性教職員たちの力である。「どうして、いつも男が先なの？」という当たり前の疑問から、その取り組みは始まった。一九九七年には、東京・国立市の教員たちの手になる書『どうして、いつも男が先なの？　――男女混合名簿の試み』（新評論）が出版されている。

従来の男女別名簿から男女混合名簿に変えていったきっかけを、国立市の小学校教師だった河合真由美さんは、この本の中でこう語っている。あるとき、ほんの思いつきで、一年生の名簿を「男が先」から「女が先」に変えてみた。ところがクラス担任が持ち上がった二年目、男の子たちから文句が出る。「今度は男を先にして」「いつも女子が先はずるいよ」。

そこで河合さんははじめて気がつく。長い教師生活のあいだずっと、女の子たちは「男がいつも先でずるい」と一度も言わなかったことに。ならば、まず男女混合名簿にすることから、「男が先で一番手、女は後の二番手」の風潮を変えていかなくては、と。

国立市から発したこの運動は、それこそ燎原の火のように全国に広がっていった。「男が先、女は後の男女別名簿に象徴される学校や世の中はおかしい」と、たくさんの女性教師たちが日々感じていたからだ。

それは職員室で女性教師だけがお茶くみをする習慣を変えるところにも

つながっていく。子どもたちといっしょに自分たちおとなも変わらなくては、と。名簿が混合になると、学校の風景も変わる。男女混合の場面が多くなるからだ。さきの本の中で、吉田英子さんが担任する六年生のある女の子は、混合名簿・混合教育の感想をこう書いている。「私たちがおとなになって、会社とかいろいろなところで、不平等なことが出てくると思う。でも学校でこういう体験をしていれば、そのとき不平等だと気がつくから、学校でのいまの生活がつながると思う」。

そうそうその通り、とわたしはこの女の子の感想に拍手しながら、はるか昔の自分の体験を思い返す。

今から七十年も前の話だが、一九五〇年代にわたしが通った私立高校は、当時には珍しく男女混合名簿だった。だから五十音順に作られた名簿では、わたしの前も後ろも男子だった。出席番号順にグループを作って作業をするときなども、自然に男女混合になる。男女一緒に活動するのが当たり前の日々。おとなになってから、不平等や差別的な場面に出会うときおかしいと感じる自分のアンテナは、明らかに高校生のころの生活体験から立ち上がっている。子ども時代の学校体験は、その後の人生に大きな影響をもつなあと実感するのだ。

話のついでに、この高校に入った経過を振り返ってみたい。それはここで取り上げている性差別の問題と深くかかわっているからだ。

中学時代、わたしは親の意向で中高一貫のキリスト教の女子学校にいた。中学三年生の演劇祭でのこと。男役の登場人物がズボンを着用する際に、尼さん教師と生徒のあいだにもめごとが起きた。その学校はスカートが制服だったが、尼さん教師がズボンの着用を認めようとしなかったのだ。その理由は「お尻のかたちが見えるから」というものだった。「でも先生、人間にはお尻があるのだから、かたちが見えてはいけないというのはわかりません」と、わたしたち生徒は抵抗したが、受け入れられなかった。

ヘンなの、不自然だよ、という疑問がふくらんで、高校は男女共学の学校に変わりたいという気持ちが強まった。すでに多くの高校の受験手続期間は過ぎていたが、ラッキーなことに鷹揚に受け入れてくれた一校があって、それがさきの混合名簿の高校だった。その鷹揚さの背後に、男女を不必要に分けず制服も決めない自然な校風があったのだ。混合名簿は、性の平等や自由さとつながっている。

堂々とお腹をさらして

「お尻のかたちが見えてはいけない」という話のように、多くの女性はずっと、身体を隠すという意識にとらわれてきた。ズボンはとうの昔に市民権を得て、女性のジーパン姿は当たり前になったが、妊娠中のお腹を隠す服だけは、ずっと妊婦の必需品だった。

ところが最近の街を歩くと、大きなお腹を突き出して隠すことなく歩く女性の姿を見かける。その姿を見るのが、わたしは気持ちよくて嬉しい。「そうそう、隠すことなんかないよね、二時代前のわたしたちは、どうして妊婦服でお腹を隠そうとしていたんだろう、口惜しいな」と振り返る。堂々と街中を歩くまん丸なお腹は、まぶしくすばらしい。ここまで来るのに、二世代の年月がかかっている。

若い女性がこのごろ保守化している、甘ったれている、との嘆きや非難の声を先輩女性の人たちからも聞くことがある。もちろん解放への変化は行きつ戻りつだし、気になる場面も、たしかにある。でも、二世代も先輩世代のわたしから見れば、うれしいと思う変化も多い。

混合名簿や街なかの大きなお腹。女の子がのびのびすれば、それはそのまま男の子の解放だ。元気に、いっしょに、未来へ向かって歩いてほしい。

子どもという案内人

後から来て、先を見る者

子どもや若者は、年齢の順番からすればおとなのあとから来た人たちだ。でも実は、世の中の現在そして未来の姿をおとなより先に察知して、おとなを案内しているのではないか？　人びとの行く先を予告しているのではないか？　もともと子どもに教わることの多かったわたしだが、子どもの持つ案内力がいっそうよく見えてきたと感じる昨今なのである。

まずは、自分自身と子どもとの関係を振り返る。これから書こうとする中身に繋がっていく話だからだ。「子どもを育てる」というありふれた表現に、わたしはなじめない。正直なところ、子どもに案内され育てられながら「親」をやってきた。それが偽りのない実感である。

赤ん坊が案内する

その実感は、はじめての出産のあとの、授乳の場から始まった。いまから何十年も前のことなのに、いまもあざやかな映像が残る思いだ。なぜならそのとき、耳になじんだ「子どもを育てる」という言葉が、「子どものほうが知っている」へと、音を立てるようにひっくり返ったからである。

はじめてのその出産体験は六〇年代の半ば、高度成長期の始まりのころだった。かつて自宅で自分の弟たちが産まれたときの賑やかな記憶とはかけ離れた、産科病院での孤独な出産。当時家族は廊下待機で、ベッドを囲むのは、親しい先輩女性たちならぬ白衣の医療スタッフばかりだ。

さあ、赤ちゃんですよ、おめでとう。生まれた赤ん坊が胸元に連れてこられたものの、戸惑うばかり。どうやってお乳をやるの、わからないよ、助けてー、とうろたえる気分のわたしを尻目に、うっすらと目をあけた赤ん坊は、「こうです」とばかりにしっかりと乳に吸いつき、飲みはじめた。音を立て、確信を持って。「ははー」と新米母は、その勢いに従うのみ。やがて必要な量を飲み終わったか、すっと乳首を口から離すや、赤ん坊は眠りに入った。

「ほー、お見事!」と、わたしは驚いた。「なんだ、子どもが自分で知っているんだ、親のわたしなんかよりも。だから大丈夫なんだ」。

そのときまでのわたしは、子どもを迎えて親になることが不安でたまらなかった。自分が知る出産や育ちの風景とはまるで変ってしまった、「母と子」ふたりだけの世界。夫や義父母は育児に協力的だったが、それでも「わたしたちの赤ん坊がやってきた」から「あなたの子どもに責任を持って」への、時代の変化と重圧感。そのころ始めたばかりの自分の仕事も、これからどうしたら続けていけるのか。

当時、そんな不安や負担感を抱えたのは、わたしばかりではなかったようだ。のちに知ったことだが、学校の教師をしていたある知人は、病院で出産したその日の夜に、はじめての赤ん坊を抱いてナースステーションへ行き、「すみませんが、一晩預かってください。決心がつかないので」と頼んだという。その心細い気分がよくわかる。もっとも彼女はそのあと何人もの子どもを産んだのだが、きっとどこかでわたしと同じく、「子どもが自分で知っているから大丈夫」と気づいたのではなかろうか。

世の中は、どうやらこうなっている

赤ん坊の様子は、日に日に変わる。あるときは、寝返りを打とうとする努力に終日を費やす。「おおー、自分が出来るようになったことがわかるんだな、がんばれ」と眺める。次の瞬間、初めてくるりとひっくり返り、世界がさかさまになってキョトンとする。拍手するわたし。

這う、立つ、歩く、走る、三輪車、自転車、木登り、料理、電車でのひとり旅…。子どもの傍らにいると、現在の自分たちおとなの世界の姿を、あらためて発見する気分になる。たとえば、ふだん無意識に使っている電気というものが、世界を支配しているというようなことだ。

幼い子の多くは、電気のコンセントに興味を持つ。単におとなの真似をしているという以上に、どうやらその場所その穴が、世の中を動かす力の源泉らしいと感づくように見える。触られると危険なので、いまはコンセントカバーなる育児用品が売られているらしい。ある三歳の子どもは、はじめてロックバンドの生演奏を聴いたとき、「音、おっきい！　もしかして、電気だ！」と叫んだという。

　生まれてきたこの世界で重要な位置を占めているものを、子どもは察知する。電気だけではなく、世の中を仕切っているものに目をつけ、触りたがる。以前なら固定電話（それしかなかった）、携帯電話、今ならスマホ、そしてパソコン！　おとなの真似をしているだけでは、たぶんない。時代の中で重宝がられ重視されているものは、子どもの目には特別に光って見えるのかもしれない。行く先の世界に通じる入口のように。

　テレビが家庭に普及し始めた七〇年代のことだ。子どもたちはテレビに夢中になった。しかしテレビは教育上よくない、情緒不安定になる、眼も頭も悪くなる云々と、おとなは不安がった。だから子どもにはあまり見せない方がいい、と。

　若い親だったわたしもその一人で、というか極端な一人で、家には小さな白黒テレビを渋々一台置いているだけだった。どこの家庭もカラーテレビになったころも頑固にそのままだったので、小学生だった息子の友達が遊びに来ては、「おばさんちのテレビ壊れてるよ、色が出ない」とトントン叩き、息子たちも「天気予報だって見れないよ、この赤い線が青い部分がって言われても、家のじゃわかんないでしょ」と口を尖らせた。

それから半世紀。いまや八十代に入ったわたしはどうだろう。わが家の居間には大きなカラーテレビが大威張りで中央の座を占め、日々わたしはそこからのニュース情報に頼り、好んでスポーツ番組を見る。サッカー、テニス、競馬（わたしの生家は馬の牧場）。いまやテレビは老人の友。子ども・若者世代はすでにテレビを離れ、とっくにネットの世界へ行っている。

テレビが登場したあの当時に、わたしは過去を生き、子どもは未来の情報時代を先取りしていたのだなあと思うばかりだ。正しいとか間違っているとかの問題ではなく、世代とはいつもそういうものなのだろう。おとなと子どもは片足を現在に置き、もう片方をそれぞれ過去と未来に置いて学び合っていく。未来にとっては、過去という「重し」もまた必要だ。

未来はこうなっていくよ

子どもにとって、未来は遠い。だが、自分たちにとって切実な未来の姿を、子どもは先取りする。いまのままだと先はこうなるよ、と。ときにその言動は先行世代にはなじみがないので、それに「問題行動」とレッテルを貼って嘆いたり、不安がったりする。たとえば、若者の「引きこもり」とよばれる行動はそのひとつではないか。

もちろん、子ども・若者が「引きこもって」元気をなくしているなら心配だ。しかし最近、おとなの行動も似てきたのではないか？　たまに混んだ電車に乗ると、わたしはその車内風景に驚く。多くのおとなの乗客が、身体をくっつけ合いながらも熱心にスマホを操作しているからだ。それぞれが、無関係の世界に無言で埋没している。近くて遠いとは、このことだ。「電車内引きこもり場面」という言葉が思わず浮かぶ。

「引きこもり」という言葉は、若者の案ずべき問題行動として広まったが、それは人が個々ばらばらに生きる時代の、先取り的な行動だったのかもしれない。かつておとなが憂えた「生身の関係の欠如」は、いまやおとなの社会そのものとして出現している。

もうひとつ、「不登校」の例がある。いまや小・中学校どのクラスにも、不登校の子どもがいて珍しくないほどの増え方だ。その原因として、家族問題や本人の資質、友人関係問題などが挙げられてきた。もちろん、それらは無関係ではないだろう。しかし根底には、学校のもつ役割や意味が変わってしまったことが大きい。

「読み書きそろばん」と言い慣わされた学校知の意義は、いまや薄れた。それらの知は電子辞書、計算機器、パソコン・スマホと、個別にどこでも手に入る（電気さえあれば）。この超情報時代に未来に向かって生きる世代は、そのことを感じ取ってきたのだろう。「でも、学校で集団行動を身につける必要もあるし」ともおとなは言うが、そのおとな自体がいま、電車内風景に見られるように、個々ばらばらな「引きこもり状態」に向かいつつある。集団から個への社会の変化は、いま止めようがないように見える。子ども・若者の問題行動と言われてきたものは、彼らの「時代先取り行動」とも見えてくる。

さらに、「いじめ」はどうだろう。昨今のおとな社会には、「格差社会」という言葉が広がった。その頭に「超」という文字がつくことすらある。不平等で排他的、そして他との差に過敏な社会の姿は、子ども社会の「いじめ」の大人版だ。

子どもは未来を察知しながら、おとな社会の先を行く。ときにおとなを振り返りながら。子どもは案内人であり、警告者でもある。「今のままだと、こうなるけどいいの？」と。案内者としての子どもの姿を見、声を聴き、深く考えたいと思う昨今である。

「いじめ自死」を悼む　――いのちを持ちこたえる力を

料理当番、デビュー

まだ明るさの残る夏の宵、夫とふたり夕食をとり始めていると、隣家の庭からこんがり陽焼けした十歳の孫息子が、サッカーシューズをつっかけてやってきた。手に、何やらたっぷり入った大きめのお椀を持っている。「ぼくが野菜スープ作ったんだ。ひとりぶんだけど、ふたりで分けて食べて」と言うや、忙しそうに走って帰って行く。

さては今夜の夕食当番かな。息子所帯では両親が交代で食事をつくるから、自然に彼もそこに加わったのか？　何よりだ、とまっすぐに伸びた背中を見送る。家族がそれぞれの都合を持ち寄って食卓を整えあう自然さもさることながら、料理という手仕事をする日常は、人間を強くしなやかにするとわたしは信じているからだ。

たかが料理、されど料理。コンビニやスーパーの棚にはパック入りのおかずがずらりと並ぶ。実に便利でしかも安い。でもそれらに暮らしを頼るなら、二本の手を使ってものをつくる最後の場を手放し、ものごとを工夫する力をも失う。

消費をどこまでも迫る社会の中で、わたしたち人間はあまりに弱く受け身な生き物になってしまった。子どもの自死のつらい報道がつづくなか、人が生きるための根っ子をもう少しだけでも深く張りたい。まずは料理する暮らしをもう一度めざして。

それはさて置き、かの野菜スープの味は「ひいき舌」ながらなかなかだった。

手仕事がくれる力

料理の組み込まれた日常は人間を強くすると言った。たとえ気分が鬱屈していても、作業の段取りを考えながら無心に包丁を使い火加減をする時間は、気分をひらき落ち着かせる、たしかな力がある。いま台所にわずかに残った最後の手仕事に、からくも人は助けられる。ものを作る作業に、いやでも集中するからだ。手もとにある食材を眺め、献立を考え、野菜の皮をむき、さや豆の筋など取り、切りものをする。手と頭が自然にいっしょに動いていく。その作業を繰り返し身体になじませることで、辛さをしのぐ術《すべ》や静かな自信を、いつのまにか身につけていく。男女子どもを問わず。

いや、人間を強くするとは、料理などという軟弱な話ではないよと言う人があるだろう。きびしい訓練に耐え、競争に勝ち抜く力をつけることが子どもの根性を鍛えるのだという声が出てくるのは、お決まりの話だ。

待ってくださいい、そうではない。そんな脅しをかけるから、子どもが死ぬのだ。この世に自分が生きていってもいいことはないと感じてしまうのだ。いのちとは、生き続けたいと願っている存在のことである。子どもも同じだ。その願いを支え応援するのが、おとなの仕事ではないか。

まわりの人の助けが最もだいじなのはもちろんだ。でもたとえ助けが得られないときでも、いのちを持ちこたえていくための知恵がある。ふだんからそれを伝え、子どもに身体で知ってほしい。ひとつは手仕事になじむこと、もうひとつは自然の力を借りること。せめて、そのふたつの知恵をとどけたい。「いじめ」につぶされた子どもの自死の報道は、心底身にこたえる。

「誰かに話しなさい、相談しなさい」とおとなは言う。もちろん、まず勧めたいのはそのことだ。でも、話せないときも実は多いだろう。子どもだってプライドがある。他人への配慮や迷いをも持つ。そして自分で自分を助け、持ちこたえようとする。それもまた子どものだいじな尊厳だ。そんな苦しいときに、人間がこれまで拠りどころにしてきた方法があること、助けてくれる人間以外の存在があることを、子どもに知らせたい。そのたしかな知恵が、いつのまにか忘れられてしまったと思うから。

以前にどこかで接した小説の一場面が、印象に深く残っている。幼い三人のきょうだいを残してお母さんが亡くなったくだりであった。一番上の女の子は十歳くらい。母を亡くした日に彼女は泣きながら、幼い弟と妹のために好物のオムライスを作ってやる。母がしてくれたように。そしていつもと同じように、卵の上にケチャップで赤い花を描いてやる。

日常の暮らしを支える自力の手仕事に根ざした、自分たちへの地道で静かな慰め。そんなとき、「心の専門家」をはじめとするおとなたちが声高に唱える「心のケア」ということばが、わたしには空虚に響く。

ハッピー、今日も子どもが生きている

子どもが生き続けるのは当たり前だと、わたしは決して思っていない。反対に、生きたいと願いながらもいつ死ぬかわからないのが子どもだと感じる。事故で、病気で、犯罪で、そして無念にも自死で。よく学校の教室や廊下に、「明るくかしこく元気な子ども」などと欲張った標語がかけてあるのを見かけるが、そのたびにわたしは、そうじゃない、「ハッピー、今日も子どもが生きている」と書くんだよと思う。子どもが今日もいのちを繋いでいてくれるのは当たり前なのではなく偶然でもあり、ありがたいことだと思うから。

自分の息子たちが子どもだったころ、わたしが半ば冗談めかして「これが家訓」と、折にふれ口にしていた言葉があった。「死ぬな、つかまるな」。危なっかしい中学生時代にはとくに。「マフィアの家の家訓みたい」と若い友

人に笑われたりしたが、もちろん「死ぬな」が目的で「つかまるな」は単なるおまけ。もっともこれには、「忙しくて警察に身柄を貰い受けに行く時間がないからね」と、ふざけ文句をつけ加えてはいたが。

生きていくための強さとは何だろう。それは自分のいのちを持ちこたえる力のことだと、わたしは考える。子どもとて、いのちを自分で護ることがいちばんだいじな仕事なのだ。事故、事件、病気、どれにもどうか気をつけて。ましてや自死があってはならない。生き続けることは本人にしかできない。時間もまた親切な存在で、黙って人を助ける。不運にも助ける人に出会えないときも、時間だけは誰にもやさしく誠実な支え手でいてくれる。「死ぬな、（死神に）つかまるな」。

逃げることのすすめ

もうひとつ、人間以外の大きな助け手がある。それは人を黙って囲んでいる「自然」だ。自然はもうなくなってしまったよとの声もあろうが、それでも朝夕に風が吹き、雲が流れる。騒音の街も夕焼けに染まる。

いまの時代、その自然をおとな世代が壊してしまった。傲慢にも。つくづく申しわけないことだ。でも自然は懐深く、いまも雲の流れや月や星、ときに虹までも見せてくれる。都会の真ん中にさえも。苦しいときに夕焼けがふしぎなほどの勇気と力をくれることを、わたしは身体で知っている。作家の故永畑道子さんは、いつも子どもたちにこう呼びかけていた。「つらいときには、空を見よう」。それは彼女自身の子ども時代の体験だという。わたしも空が夕焼けに染まるとき、いつも身近にいる子どもたちを呼ぶ。「空がきれいだよ！」と。

そして逃げること。逃げて自分を護ること。いじめについて「ともかく逃げなさい」と真剣に勧めることばを、なぜかあまり聞かない。「誰か信頼できるおとなに話して」が決まり文句だ。もっともだが、それだけでは冷たいのではないか。おとなだって、実は解決する力に乏しいのに。

かつて、ある教育関係の研究所でいじめをテーマとする研究班の報告書をつくる際、わたしが「逃げることのすすめ」というタイトルをつけたら、案の定不評だった。だがわたしは考えた。逃げるなんて弱いことだ、解決はおとなの課題だと考えるなら、それは思い上がりだ。昔の人だって衆知を集めた末に「三十六計、逃げるにしかず」と言っているではないか。

かつての子どもたちが逃げこんだ自然が消えかかり、その代わりとなるのは自分の家、自分の部屋しかない。辛いとき、子どもや若者はそこへ逃げ込む。それを「閉じこもり」と名づけてそこから引っぱり出そうとするなら、子どもは親からさらにいじめを受けることになる。いまの子どもたちの不幸がそこにもある。

逃げこんだ子どもを、そのときせめて静かにかくまおう。非難ではなく、避難を。かつて自然が子どもたちに黙ってそうしてくれたように。

「生きづらさ」という言葉への抵抗

それをいっちゃあ、おしめえよ

ここ数年のわたしは、老化のために聞き取りが苦労になったので、ときどきいただく講演の仕事は、申しわけないがほとんどお断りしている。そして家で大根をていねいに煮込んだり、花の種まきをしたり、夕焼けをゆっくり眺めたりして、静かに暮らしている。

いま「暮らしている」と書いたが、かつてわたしたち年輩世代は「生きる」という言葉をあまり使わなかった。「暮らす」「過ごす」がなじみやすい。最近は「生きる」が流行りだが、この言葉はどこかむきだしで生臭く、気恥ずかしいのだ。

ところが最近、長年の知り合いのかたから、「豊かな社会のなかの『生きづらさ』とは何か」というタイトルでの講演依頼があった。冒頭に書いた通り講演はほとんどお受けしなくなっているわたしだが、「えっ、生きづらさ！」と思わず呟く。なぜならわたしはこの言葉が好きになれず、かつて若い人からそのタイトルの原稿を依頼されたとき、「それを言っちゃあ、おしめえよ」と、乱暴な憎まれ口を叩いたことがあったからだ。時代を問わず苦しいこと辛いことはいろいろとあるけれど、それをあからさまに口にしないのが暮らしのたしなみだし知恵でもあるよという、世代的な感覚からだったかもしれない。

だがその言葉への違和感をうまく言葉にできないままに、時が流れてしまった。その間にこの言葉はどんどん世に普及し、あたかも流行語のように世代を越えて広がってきたようだ。わたしとて、かの捨てぜりふを忘れてはいない。言い捨てたままにしておいては失礼だし、年寄りがすたるだろう。この機会にあらためて考えてみようと、さきの講演をお引き受けした。

「暮らす」と「生きる」

さんざん前置きが長くなってしまった。講演をするとなれば、レジュメとよばれる講演の要約資料をつくらなくてはならない。そこで次の順序で自分自身の問いを追ってみようと考えた。①かつて人は、日々の生活についてどんな言葉を使っていたか。②「生きづらさ」という言葉が流行する背景にどんな社会的変化があったのか。③「生きづらさ」からの脱出路はどこにあるのか。

一番目。すでに書いたことだが、年輩世代にとっては、「生きる」よりも「暮らす」がなじみやすい。暮らしをたてる、暮らし向き、その日暮らし。たしか「浦の明け暮れ」という歌が、中学生時代の音楽の教科書に載っていた。日々、空は淡々と明けて暮れるのだ。かつてもいまも。でもいま人は空や雲よりも心や生き方を見ているようだから、明け暮れではなく「海辺に生きる」とでもなるのだろうか。

かつても「生きる」という言葉はもちろんあったが、肩ひじを張る感じがあって、日常会話にはあまり登場しなかった。いうなれば、「生きるってほどのものじゃございませんが」という感じだったか。

敗戦後五年ほどを経た中学生のころ、『君たちはどう生きるか』という本が広く読まれていた。吉野源三郎の手になる子ども向けの書物で、我が家の茶の間にもあった。「生きる」という言葉がものものしく、自己や自我を暗示する人間中心感覚が目新しかった。

「暮らす」という言葉の背後には、太陽のめぐりがある。日の出に始まり入り日で終わる明け暮れ。人も他の生きものも、お日さまのもとで起き伏しを重ね、いのちをつなぐ。自然とともにある人間。この感覚は人に安心と落ち着きをもたらす。明日も空のめぐりで明け、月星とともに暮れるだろうという信頼に、根っこを支えられているからだ。しかも万人に公平に。

しかし昼夜逆転ということばに現れているように、いまわたしたちのいのち感覚から、太陽のめぐりの姿は消えている。自然の姿を忘れても生きられる。「生きづらさ」ということばの背後に、自然との謙虚な「暮らし感覚」を手放して自己責任の重圧を負った、人間中心社会が見えてくる。

「生きづらさ」と自然の喪失

さて二番目。「生きづらさ」という言葉の中身は何だろうと、若い著者たちの手になる書物をひらいた。その名も『「生きづらさ」について——貧困、アイデンティティ、ナショナリズム』(光文社新書)。作家・活動家の雨宮処凛さんと政治学者の萱野稔人さんの対談本である。紙数の関係で、この書の冒頭に出てくる「空気を読むことの重圧」と、中ほどにある「認められることの困難」という二つの言葉についてだけ考えたい。

さきに「自然と人間の関係喪失」のことに触れたが、「空気を読むことの重圧」もここに関係していると思う。今昔をとわず、人は人と一緒にいるとき、多かれ少なかれ相手の思惑やその場の雰囲気を察しようとしながら過ごす。楽しさ半分、気遣いが半分。土を相手に一日働いたあとなら、仲間と一杯やりながら会話を楽しめるのだろうが、相手にする土と土の仕事を失ったいま、まわりは一日中人間ばかり。「人疲れ」という言葉なら、昔からあった。

モノを相手にする労働の多くは日本の国外に追われて去り、国内に残るのは「いらっしゃいませ」のサービス業がほとんどだ。「これからは人間関係能力が第一」と言われ、コミュニケーションという発音に舌を噛むようになったのは、九〇年代を迎えるころ。人間関係が苦手な人びとは昔から大勢いて、凝り性の職人さんなどもそうだったろうが、いまはそうした性分の子どもは「発達障害」のレッテルのもとに、はやばやと「特別支援学級」なる場に送られたりする。その名の学級が作られたのはゼロ年代に入ったころだ。並行して、「空気読め」の空気が世の中を支配した。人の暮らす土はますます痩せて、「生きづらさ」なる言葉の土壌が肥えていくばかりだ。

土は、驚くほどに人を元気にする。女の人たちとおしゃべりをしていて、「落ち込んだり腹が立って落ち着かないとき何する？」という話題になると、「草むしり！」という声がたくさん上がる。もちろんそれは、贅沢にも身近に土がある人の話だが。わたし自身も、気分を持て余したときは草むしりをするが、土のくれる元気、人の気分を大きく変える力に驚くことがしばしばある。そして「土ってすごいねー」と独り言を自然につぶやく。もちろん、いまどきそれが贅沢な話だとは承知しているけれど、人との関係だけでは人は生きられない。

もうひとつの「認められることの困難」。これも「空気読む重圧」と根は同じだ。かつて仲間からいじめられ苦労した子どもには、山や川という逃げ場があった。よく引かせてもらう話だが、舞踊家の田中泯さんは、子ども時代にいじめられ、川や森といった逃げ場に助けられたとのことだ。また、いまでいう不登校の子どもが、学校でなく山で日を過ごしたという話もどこかで読んだことがある。その子どもたちが日を過ごす場を、かつておとなたちは「デキランヌーの山学校」と呼んだという。勉強のできない学校嫌いの子は、なぜ自然の中に逃げたか。人間とちがって、自然は誰をも公平に認めるからだ。おまえには見せてやらないという虹や、おまえには吹いてやらないという風はない。いつの時代も苦労はあって、人は自然の慰めに頼らずに暮らすことはできなかったのだ。危険や厳しさと隣り合わせであったにしても。

若者たちにみる希望

しかし若い人びとは、時代のゆくえを鋭くまた賢く察知している。その賢さは、彼らが未来に向けて生きていく存在だという事実からくる。三番目の問いの答えがそこにある。

戦後はじめて、若者たちに地方回帰の動きが出ているという記事を目にした。思想家の内田樹さんが書かれたコラム。題して「若者たちの地方回帰——人間らしく生きるために」。それによると、二〇一三年度に地方自治体の移住支援策などを利用して地方に移住した人数は八一六九人で、四年間で約三倍に増えたとのことだ。

内田さんは言う。「この地方回帰趨勢は、経済成長に一元化した国家戦略に対する市民の側からのきっぱりとした「否」の意志表示だと私は理解している。(中略)指導層は誰一人「成長しない社会」を生き延びる術を教えてくれない。ならば、自力でこれからの「長い冬」を生き延びるしかない。その手立てを彼らは日本の豊かな山河に求めた。その直感を侮るべきではない」(『AERA』2015/1/19)。

太陽のめぐりと土の肯定力を手にするとき、人はふたたび「暮らし」という言葉にふさわしい日々と出会うだろう。そのとき若い人びとは、「生きづらさ」というむきだしの嘆きをとりあえず胸にたたみ、不当なものとたたかう力を手にすることができると信じたい。

あたらしい年。若い人びとにとってもわずかでも暮らしやすい日々になるようにと、お天道さまに祈る気持ちだ。

人を刺すエンピツ?

アメリカ合衆国に暮らしている小さな孫が、一年ぶりに両親といっしょに日本にやってきた。もうすぐ三歳になる男の子。この前帰ってきたのは一歳の終わりごろだった。そのときはおとなしくおとなに抱かれ、わたしが付けている補聴器の小さなハウリング音を耳ざとく聞きつけては耳のあたりを怪しんでいたものだが、今回はめまぐるしく走り回る別の生き物と化している。一年の間にドラえもんと鉄腕アトムにはまり込み、「おばあちゃんちの押し入れに、きっとドラえもんがいるよ」と楽しみにして来日したらしい。

とりわけ一年前と大きく変わっているのは、言葉を使うところだ。彼はみんなに「りーりー」と呼ばれていて、彼の父親であるわたしの息子は、「りーりー語録」なるものを折々にわたしに伝えてくれる。たとえばこんな具合だ。鉛筆削りを使いながらりーりーが言う。「これ、鉛筆危なくするもの。（父親：えっ？）これ、鉛筆、人に刺さるようにするんだよ」。彼は鉛筆削りという実物については知っているものの、「尖らす」という表現をまだ知らない。そこで「鉛筆が人に刺さるようにするもの」という、物騒でつたない説明になっているのだ。

しかしわたしは思う。日ごろ使っているおとなの言葉って、なんて不愛想で貧相なんだろう。りーりーの説明には、チクッとする肌感覚を伴った情景の広がりがある。一方「尖る」という圧縮された単語記号は、簡便だけれど痩せている。記号的な表現は内容を即刻に伝えられて便利だが、楽しさや独自性を欠いている。ことばの上達は伝達の効率をもたらすが、一方で豊かさを喪失する。「得ると失うは裏表」という大きなルールを、ここでも実感させられる。

記号を得て、情景を失う

日々どんどん言葉を獲得していくのが、育ちざかりのりーりーだ。反対に、

「えっとこれなんだっけ、ほら、あれあれ」というぐあいに単語名を探す度合いが増えていくのが、七十代も終わりのわたしである。年寄りたちはおしなべて、「ほらあれ、なんだっけ」が得意である。具体的な場面こそいきいきと浮かんでいるのだが、それを託した単語がすぐには伴わない。実際の情景描写は得意だが、記号的な言葉の使用が苦手になる。いわば、いまのりーりー状態である。

植物や鳥の好きなわたしの場合、最近とりわけそれらの名前が出にくくなってきた。庭に来た風変わりな鳥を見て、「えーと、あれはなんていう名の…中国から飛来した、いい声の…そうだ、ガビチョウ！」と浮かんだときには、鳥はさっさとどこかへ飛び去っている。

長い付き合いのある植物好きの友人たちもおなじ状態になってきて、「いい匂いの花、ほら、はじめ紫であとで白くなってくる…」「ああ、いつか散歩してて大きな株を見たことあったよね、なんだっけ」「わかった、ニオイバンマツリ！」「それそれ！」と、同類の仲間にだけわかる楽しさで盛り上がっている。

日時についての記憶がまた、苦手になってきた。情景こそまざまざと浮かぶものの、はて、あれは昨日のことだったか、いや一昨日だったか、となる。日にちや曜日は社会的な約束ごとで世のなかの活動と関係しているから、昨今のわたしの隠居的な生活のために日時の記憶が衰えたのかと思っていた。たしかにそれもあろうが、加えて、切れ目なく流れる時間を数字・単語という記号で区切ることのムリが、晩年に現れてくるのかもしれない。お日さまの位置に無関心のまま時計や暦の数字に頼り、天気を読む力を失って気象予測情報を読むのが、記号に支配された現代の暮らしだ。

子どもも老人と同じく、様子の記憶が得意で日時はあとまわしだ。先日、九歳になる孫娘が、「おばあちゃん、きのうかおととい食べたサクサクッとしたあのお菓子まだある?」と聞いてきたので、あれ、おんなじだと思ったものだ。生きものにとってだいじなのは、体験や状況そのものの記憶のほうで、記号化された時間の記憶のほうではない。そう思うと、近代化されていない社会の人びとが数字的な年齢区分に依らず、「老人、若者、子ども」というような状況的表現のもとに暮らすという大らかさが、あらためてすがすがしく自然な姿に思われてくる。

老いへの抵抗、地面への墜落

そんな私たちの社会で、年齢の数字にとらわれ若さに執着する窮屈な事態が、ますます進行している。年代の区切りを迎えると、「あー、ついに大台に乗ってしまった」となぜか嘆く。美容・医療・健康食品業界などの売り込み競争による、洗脳の激しさのためもあるだろう。老いはひたすら嘆かわしいもの、白髪やしわは隠すべきものとされて、アンチエイジングという不可能をうたったカタカナが世に浸透していく。

電車のドアに、この種のさまざまな川柳が貼ってあるのを見かけた。「見ないふり、夕方の窓に映る私」「どうしてか、パステルカラーが似合わない」…などにつづいて美白のケア云々とある。女の人たちは電車に乗り降りするたびにそれを目にするはめになるのだ。広告なんだから目くじら立てずに笑って笑って、と言われるかもしれない。でもようやく与えられた人生の終章に対して無礼を働き、老いを貶めるようで、せっかく頑張っているいのちに申し訳ないのではと思ってしまう。

高度に発達し記号に支配された時代を、わたしたちは過ごす。その一生を形に描いてみれば、まず平地に生まれ、弧を描く虹の橋をわたって、ふたたび平地にもどる。つまり幼い者は、実体・具体の支配する地面から記号世界の高みへと登ってゆき、やがて足元が不安定になる頂点のあたりで働き盛りの過酷さに対峙し、老いてふたたび実体・具体の地面に向かって降りる。そして虹のアーチを歩き終える。土に還るとはよく言ったものだ。

若さの高みから地面にゆっくりと降りていく景色は、悪いものではない。日の出とおなじように夕焼けもきれいだ。もとの平地にようやく降り立てば、やれ着いたという安堵感があるかもしれないが、老いという下り坂に抵抗し下を見ないようにするなら、橋の途中から地面に墜落してしまうかもしれない。行き先を見る怖さに目をつぶったままで。危ない上に、それは無残な終わりかただ。老いへの過剰な抵抗。その流行は、やっぱり危ないのでは。

身体という親友

「得る・失う」といえば、さきごろしばらくのあいだ健康を失って、ふたたびそれを得る体験をした。その体験を少し書きたい。

最近のこと、思いがけず入院をすることになった。脊椎の神経根にできた自覚症状のない良性腫瘍を、迷いながらも手術することになったためである。一週間ほどで退院できたが、その後自分の身体という親友が、「こらあ、お前よくも切ったな！」という具合にすっかり怒ってしまい許してくれなかったため、一か月近く寝込むはめになった。身体という親しい道連れは、無言だが怒ると怖い知恵の塊である。医学的な計測値ではなくその友人の知恵を尊重することを、「身体の声を聴く」と言う。

身体の機能は、記号とはほど遠い。「生身」とは、うまい表現だ。近代医療ではたくさんの計測数値で身体を記号化しようとするが、それはたぶん、身体のまわりをグルグルと廻っているに過ぎないだろう。「気分が悪い」も「食欲が出てきた」も、賢い生身の声である。それに従うと、素直な活力に恵まれる。久方ぶりの今回の闘病は苦労でもあったけれど、自分の友人の力、つまり身体のもつ力を再発見する日々だった。さんざん歳を重ねても、まだまだ新鮮に見えてくる世界が続いていくものだ。

何の不調もないのにいきなりばっさり切られて怒った友人だが、一か月ほどしてしだいに機嫌を直し、なんとかわたしの無礼を許す気配になってきた。ようやく身体がおだやかに治まってくる。ありがとう。また青空や夕日、鳥や花を見せてもらえる。楽しみな庭仕事や食べものづくり、読書もさせてもらえる。若い人たちは「生きづらい」と折々に言うが、それを言っちゃあ、まじめにいのちを支えている身体という友人はがっかりするだろう。

さて「生きづらさ」という言葉への抵抗感から始めたこの稿も、これで終わる。今回の「得る失う」というタイトルに沿うなら、この時代はモノの豊かさを得て、暮らしの手ごたえを失った。便利さと引き換えに、つくる喜びを手放した。到着した地点には、わたしたちがどんな日常、どんな時代を望むのかという、老若に共通する足もとの課題があった。これからもこの課題について考えつづけたい。若い人びとの言葉をも聴きながら。

おじいさんたちの孤独

福寿草がひらく

朝、カーテンを開けると、目の前のやまぼうしの根もとに福寿草が一輪咲いている。すがすがしく光る、生まれたての黄色。空気が和らいでいる。あ、ことしも始まるな、との気合が湧く。といって、いまはもう二月なのだが、わたしに新しい年の新鮮な気分をくれるのはいつもこの時期、旧暦の正月のころなのだ。季節は、旧暦としっくり溶け合って動く。普通のカレンダーつまり新暦とではなく。自然の姿とともにある旧暦はすばらしい。

冬ごもりから目覚めた気分で、久しぶりに坂を下って街に出ていく。数駅はなれた街で、気にかけているいくつかの文具を買い求めるのだ。インクが切れかけた愛用のボールペンの替え芯、しっかりした金属製ブックエンド、それに友人知人との縁をつなぐきれいな絵葉書やカード。好きな文具コーナーの用事がすんだら、隣接の書店模様を眺めてこよう。

　昼下がりどき、電車に乗る。車内は空いているが、習性でつい隅っこの優先席に向かう。座席は、老若ならぬ老老男女でほぼ埋まっていた。みんな冬ごもりから目覚めたか、通勤時間帯を避けて世の中に出、いつもの習性で優先席に向かうのだろう。

　隣席の先客は、私と同年配らしきおじいさん。今朝わたしが家で読んできたのと同じ新聞記事を、四角にたたんで読んでいるのがちらりと見える。高齢な僧侶のおばあさんが老いを語る記事。世におばあさんによる「老い記事」は多い（この拙文もそうだが）。ところでもう一方のおじいさんたちは、老いをどんなふうに受け止め、どんなことを感じ考えているのだろう。家にもおじいさんがひとりいるからその生態はほぼわかっているけれど、ほかのおじいさんたちのさまざまな暮らし模様をも知りたいものだ。

若者向けのおしゃれな店内でブックエンド探しに手間取り、やっと買い物を終えて書店コーナーへ移る。するといきなり目の前に、「老い本」が一面に並んだ棚が現れて驚いた。それも店の中央部に。エッセイものを中心に、高齢者医療や福祉関係、そして「終活」の文字も見える。書棚模様の急速な変貌が、高齢社会の世情を映している。

居並ぶ「老い本」のなか、『はじめての八十歳』という背表紙が目に入った。風刺漫画の名人、山藤章二さんの著書である。なるほど、うまいタイトル。いささかのユーモアと照れが混じって、粋である。わたしも同じくはじめての八十歳を迎えたおばあさんだが、一方山藤さんはおじいさん。おじいさんの日常への関心が増している昨今なので、迷わず手に取った。そうか同い年だったんだ、とふしぎな親しみがわく。

人生の区切りという気分は、もちろん八十歳ばかりではない。自分の話になるが、いまから二十年前六十歳になったとき、わたしはふと思い立って、小さなエッセイ本を自費出版した。題して『円をむすぶ』。六十歳つまり還暦は、干支で年齢を数えて一巡し、ふたたびもとに戻ったところを言うらしい。無事ひとめぐりを終えた人生の区切りに、生かしてもらってきた周囲にありがとうと、自分なりの記念行事を思いついたと記憶している。

「円をむすぶ」とのタイトルを見て、「〝円〟じゃなくて〝縁〟なのでは？」と言った人があったが、わたしにはやはり円、つまり干支ひとめぐりなのだ。われながら暦好きだと思うが、それはどうやら自然が好きという性分からくるようである。

おじいさんの孤独感

さて、山藤さんの八十歳気分は、どんなふうだろう。

おじいさんたちは、プライベートな生活ぶりをあまり語らない。どちらかというと、むっつりと静かにしている人が多い気がする。そこは、日常のできごとを気軽にしゃべりあうおばあさんたちと違うところだ。その違いを反映してか、おじいさんが自分の生活を記したものが、わたしの知る限りでは少ない。もっとも、「このように老いを生きよ」とばかり上から目線で教訓を垂れる男性本は見かけるが、その手のものはご勘弁を願う。知りたいのは、世に増えていくおじいさんたちの、日常の暮らしとその苦楽である。

家に帰るや、すぐ山藤本を読みだした。「人生は砂時計…即席麺が出来上がるのもそろそろの時間」と始まる山藤節。「何をしようか、アレをしよう、「考える」ということ」。その「考えるシリーズ」とでもいうべき内容は、各項コンパクトながら二十八項目にわたっている。「天職を考えた」「川柳を考えた」「五感を考えた」…など。そのなかで「帰属を考えた」という項が、わたしにはもっとも興味深かった。

山藤さんは言う。年をとるとまず感じるのは〝孤独〟である。その孤独感は、組織から離れて無帰属になるところに起因する。役職や仕事仲間つまり肩書や社名が自分から取れてしまうと、心もとなく不安になる、と。

そうなのか、男性中心社会を生きたおじいさんたちを支えてきたのは、肩書や役職のレッテルだった。ところが職を離れたとたん、それが剥がされて素の自分になり、これって誰？　と肩書なしの自分に戸惑う。その種の話は一般論としてよく耳にするけれど、とつぜん皮をむかれた「いなばの白兎状態」が、ご本人の筆で率直に語られているのが珍しい。「老人は浮遊が好きではないのだ。何かしっかりしたものに摑まっていないと心細いのである。そのしっかりとしたものは会社とか地位とかそういうものである。その心細さを埋めるもっともいい方法は、友人知人たちとのおしゃべり、会話だと文字はつづく。いま「しっかりしたもの」を失ったあと、どうするか。…」

山藤翁は、これまでの仕事関係つまり編集・出版界の親しい仲間たちと、あたかも反射神経を試されるようなスリリングな会話を楽しんでいる様子だ。「私が考える老後の知的趣味の中でピカ一の贅沢品」とある。たしかに、一般老人にはなかなか得られない高級な楽しみだ。羨ましい。

でも。そうした充実の場も元気な相手あってのことだ。いつ相手がいなくなり、スリリングな会話が叶えられなくなるかしれない。そのことも、山藤さんは先刻承知しているだろう。すると、また浮遊の日々がくる。ではどうするか。おばあさんのわたしが思うには、決していなくなることのない身辺の相手と、日ごろから深く親しむことではないか。その相手とは、残念ながら連れ合いさんではない。なじみ深い連れ合いさんこそ、いつ失うかわからない友なのだから。決してなくなることなく人を黙って支える不変なものなんてあるかと言われれば、ある。それは誰の傍らにもある空や土、草木や花などの自然、もうひとつは絶えることのない、自分の身の回り仕事。その二つである。そんな面白味のないものと言われるかもしれないが、どうしてこの二つは変化と奥行きに富み、かつ誠実不変の卓越した友人である。

「身の回り仕事」はあなどれない

自然なんてもうなくなったと言われれば、それは見ていないだけだと答えたい。都会の真ん中でさえも、人間の無礼に耐えて自然は律儀に生きている。ある朝起きたら空が見当たらない、土はどこへ行ったということは、いまのところない。そればかりか、見ようとする人に、自然はふんだんな美しさや驚きをくれる。「逢魔《おうま》が時」とよばれる夕刻の空の底知れない魅力、土を源とする植物たちのいのちの確かさ。自然への帰属感は、深い安心感の源泉だ。それはもう知っていますと山藤翁は言うかもしれないが。おじいさんとその候補の男性たちは、自然と深くつきあって、肩書き・役職へのレッテル帰属感から自由になってほしいものだ。

そしてもうひとつ、日常の身の回り仕事。それらは長らく家事とよばれ、つまらなく低い仕事とさげすまれてきた。家事を女性支配の手段におとしめて、肩書きのない女性を男性の補佐役に仕立ててきた風潮が、いまおじいさんとおばあさんの関係困難を生んでいる。おばあさんは言う。おじいさん、もう身の回りの世話はご勘弁、と。

「家事」という言葉はあいまいだ。どこまでが家事なのだろう。「男が上、女は下」の女性差別問題にかかわる家事論争は、半世紀以上にわたって続いてきた。この数年をみれば、竹信三恵子さんの著書『家事労働ハラスメント』が読まれ、「名のない家事」という新語がメディアに登場している。しかし「名のない家事」って何のこと？　いっそ「家事」をやめて、「身の回り仕事」とわかりやすく呼び変えてはどうだろう。顔を洗い、水はねを拭き、食後の食器を片付ける。それらを人任せにするのは、格好悪いではないか。子どもや病人、超老人には、それを誰かがやってあげるのが自然だけれど。

「身の回り仕事」、その身は自分自身。朝起きて顔を洗い、昼に着たものを洗って干し、夕に菜っ葉を洗って茹でる。男女誰もが暮らしに必要で当たり前の身の回り仕事は、帰属感の宝庫かもしれない。

なかでも、食べる仕事はたのしい。わたしと同い年の友人は、朝、「今日は何を作って食べようかなあ」と考えて起きるという。自分好みに好きなものを作り、交替で周りにふるまうたのしみを、おじいさんたちとも分かち合いたい。誰もがそれぞれに身の回り仕事を。おじいさんは山へ柴刈りに、おばあさんは川へ洗濯に。

本を閉じて、春の始まりの一日が終わる。あしたの庭には、福寿草がいくつ咲くだろう。

名前が大好き

四歳の孫娘が文字を書きはじめた。自分と家族の名前を書くことに、毎日熱中している。幼稚園から帰るや、隣家から庭伝いにやってきて、わが家の電話の傍らにある椅子によじのぼる。そこにはメモ用の大きなホワイトボードが吊り下げてあるのだ。

青いマーカーのキャップをはずすと、まず大きく自分の名前。これは手慣れているから、誇らしげにすばやく書きあげる。それからゆっくり、姉と兄のフルネーム。最後にママとパパの名前。

一文字だけ苦労しているのだが、それはママの名についている「ゆ」の字だ。その字は身をくねらせるみみずのようで一見暗号に見えるが、線を何度か曲げてから縦に棒を引くところは一貫していて、気持ちはわかりますと言いたくなる。少し首を傾げながら波打つみみずに棒を刺すと、「出来た！ぜったい消さないでねー」と叫んで椅子から飛び降り、こんどは友達との遊びに走っていく。こうしてわが家の電話メモ用ボードは、名前の練習板としてこのところ彼女に占領されている。

子どもはどこから来たのだろう？

とはいえ、子どもの変化は早い。「ゆ」の字に苦闘する日など、きっとすぐに過ぎ去ってしまうだろう。家族の名前を練習する日もまもなく終わるだろう。だがその後も、子どもにとって名前のもつ重みが減ることはない。自分の名前の重みは、彼女にもどの子にもずっと続いていく。名もなくどこからかやってくる子どもは、名づけられて世の中に位置を占める。名前は、子どもを社会につなぐだいじな記号だ。

子どもは名もなく生まれ、やがて名前をもらう。いや生まれる前から名前が決められ誕生が待たれている場合もある。親の名前から一字をとった名。

親の願いをこめた名。生まれた季節にちなんだ名。かつては親が尊敬する人に子の名づけを頼むこともあった。お寺さん、恩師、親戚の長老。名付け親とよばれるその人は、子どもの成長を親といっしょに見守る。しかし誰を名付け親に選ぶかを含めて、子どもの名前には基本的に、親の思いが託されている。

生物としての親に加え、親は名づけによって社会的な親となる。しかし子に名づけをすることで親は、子どもがどこからか自分たちのもとにやってきたという厳粛な事実を忘れ、子どもを名実ともに創ったのは自分なのだとの思いに、ついとらわれる。そしてときにそれは、子は親の所有物という思い上がりにつながりやすい。ほんとうは、その子がどこからここに来たのかはわからないにもかかわらず。

どこからその子が来たのかわからないと言うと、何を言っているのか、子どもを作ったのは親たちに決まっている、と一笑に付す人があるかもしれない。もちろん生物的にはその通りだが、ではなぜ父親は初めて赤ん坊を見て、「へえー、これが俺の子か」と思うのだろう。作ったものならわかっていいそうなものなのに、実物を見るまでは全く見当がつかないのが「自分の子ども」である。

産院で赤ん坊を取り違えられても気がつかないのだから。自分たちが作った人間とはとうてい言えないだろう。それに、人が人を作るというのもおこがましい。人は親として、どこからか来た誰かに出会うのだ。

子どもの私物化を阻む知恵

母親とて同じである。出産後に赤ん坊を見たときわたしに浮かんだ言葉はやはり、「ああー、この子だったのかー」であった。その子を長いこと身の内に抱えていたとはいえ、出会うのは初めてなのだから、感想は父親のそれとあまり変わらない。かつて流行した歌の通り「こんにちは、赤ちゃん」なのである。「はじめまして、わたしがママよ」と、歌詞は続いていくのだが、その先にもし「あなたはどこから来たの」と続いていってもおかしくはない。子どもは誰しも、名もなき者からの贈り物である。

キリスト教の国なら、子どもは神様からの贈り物というのだろう。でも、こうのとりが赤ん坊を運んでくるという彼の地の言いならわしを思い浮かべれば、それもまた「名もなき者の贈り物」という感覚に近そうだ。その感覚は、親は子どもを支配するものという権力性に歯止めをかけ、謙虚さをもたらすだろう。なぜこの子が自分たちのところに来たのか。それは計り知れない縁のふしぎである。

親からもらった名前に加えて、子ども自身が自分のシンボル＝守護霊を見つける習慣をもつ民族もあると、文化人類学者の原ひろ子さんは報告している（『子どもの文化人類学』晶文社）。カナダ北西部に暮らす狩猟民族ヘヤー・インディアンの子どもたちは、早い子で三歳ごろ、おそくとも十歳過ぎには、夢に出てきた動物などを自分の守護霊と決め、一生その守護霊にいろいろなことを相談しながら生活するという。それは立場の弱い子どもを親が私物化し、支配干渉する危険を阻むための知恵ともなっているのだろう。

子どもは授かりもの、預かりもの。しかしそのつつましい子ども観はいま、親による子どもの虐待がしばしば報道される日本の社会に、残念ながら失われかけている。

昔ばなしや伝統料理の静かな力

名もなき者からの贈り物といえばもうひとつ、わたしの連れ合いのライフワークである「昔ばなし」が思い浮かぶ。一方、作品としての小説には名がつきものだ。なんとか賞を受けた誰それの新作という具合に。名は誇らしい。卒業式でなじみの歌にも「身をたて名をあげ…」というくだりがある。がんばって名のある人になりましょう、と出世を誘いかけるのが学校文化だ。しかし巷の多くの人、多くのものは名もなく静かで、地下水のように目立たずに、たゆみなく流れつづけていく。

昔ばなしや諺は、どこのだれから来たのかわからない。みんなのものだ。昔ばなしはきっと、時間の中で語り継がれ磨かれて、美しく親しみやすい作品として残されてきたのだろう。山を流れ落ちる地下水が、岩や土を延々とくぐって時とともに浄化され、澄んだおいしい水になっていくように。誰でもどこでも、通りがかりに喉をうるおすことができる尽きることのない共有の水。それは土地に暮らす人びとの豊かな財産だ。

こうして昔ばなしについて考えていると、こんどは自然に伝統料理のことが思い浮かぶ。わたしたちの台所や食卓に、どこからともなくやってきて親しく定着しているさまざまな味わい。きんぴらごぼうやぬか漬け、出し巻き卵におにぎり。お正月の昆布巻き、紅白なます、それぞれの土地のお雑煮。

ゆうべわたしは、知人が野山で採ってきた「むかご」をいただいてむかごごはんを炊いたが、新米とむかごの組み合わせは絶妙だと感じ入る。おそうざいとよばれて、家庭に根づいた、美味のかずかず。さらには納豆や豆腐、塩辛にたくあん、梅干しや干し柿などの発明品は、いったい誰が考え出したものかと、すぐれた知恵に台所でひとり感心する。伝統料理もまた、名もなき者からの味わい深い贈り物だ。

こんな贈り物に恵まれているのは、もちろん日本だけではない。世界のどの地域でも、人は伝統料理を誇りにし、それぞれの思い入れを持っている。

かつてドイツに暮らしていたころ、わたしは街の広場に市場が立つ朝に、よくその広場へ出かけていった。食材や花を買う目的もさることながら、そこではたくさんの日常会話を耳にし、人に出会えるからだった。日本でお目にかからない食材を市場で見かけると、わたしはよく傍にいるおばさんたちに「これはどうやって食べるんですか？」と、かたことのドイツ語で尋ねたものだ。

そのとたん、まわりは賑やかになる。まずひとりが誇らしげに、確信にみちて説明を始める。するときまって「いやそうじゃない、家ではこうする」「いやいや、家ではおばあさんの代からのやりかたで…」とおばさん討論会が始まってしまうのだった。そのあげく「どこに住んでいるの、こんど作り方を見せてあげるよ」と、親切なおばさんの自宅に招いてもらったこともある。伝統料理から始まるにぎやかな縁は、言葉と料理とを同時にたのしく学ばせてくれ、わたしは市場が大好きになった。

料理、昔ばなし、そして子ども。世界のどこでも、人びとは名もなき者からの贈り物に囲まれて、豊かに暮らしている。あえて名づけるならその贈り物は、生活文化、地域文化、また暮らしの力とよばれるものだろう。

あとがき

『老いの場所から』の書名が伝える通り、わたしはいま八十歳代の後半。まさにおばあさん真盛りの日々である。ところで、この書物を作るについては、それなりの時間的背景があったので、その経過を記しておきたい。

本書は、『子どもと昔話』（小澤俊夫責任編集）という季刊誌に連載してきたエッセイの一部をまとめたものである。

この雑誌が創刊された一九九〇年代終わりのころ、わたしはそこに、子どもについてのエッセイの寄稿を依頼された。それまでも社会の子ども問題について考えてきた私は、同誌に「子どもの場所から」と題して寄稿をはじめた。その連載は、本書『老いの場所から』の源泉である。

それ以降、年四回発行の雑誌に毎号小文を寄せて六年たち、それらの〝子どもエッセイ〟は、雑誌発行元の小澤昔ばなし研究所によって一冊にまとめられた（『子どもの場所から』二〇〇六年）。

季刊誌『子どもと昔話』発行に沿って、エッセイ欄「子どもの場所から」は、その後も延々と続き、書き手のわたしも並行して年を重ね、身辺にたくさんいた子どもたちも成人していった。そこでタイトル・内容を衣替えし、「子どもの場所から」を「老いの場所から」と変更した。本書は、後者の部分をまとめたものである。

生きものの「老い」という変化を通して新しい体験をし、そこからあらたに見えてくるものにもまた、捨てがたいおもしろさがある。「…有形無形、多くのものを得てそれをまた手放し、（おとなが）もとにもどると子どもの世界に還る。小さな子どもと老人は似た者どうしなのだ…」（エリザベス・コールとの共著『老いと幼なの言うことには』より。小澤昔ばなし研究所刊・二〇一五年）。

本書出版までの足どりを長々と書き綴ったが、本書はこのような二十年の年月の展開のなかで生まれてきた。その経過がそのまま、本書出版の背景である。
人はだれしも、年を重ね老いてゆく。その道のりのどこかにおられる読者のかたに、いささかでも共感していただけるところがあれば幸いに思う。

本書を編むにあたっては、小澤昔ばなし研究所所員の高橋尚子さん、駿河台大学准教授および昔ばなし研究所研究員の小林将輝さんにお世話になりました。心より感謝いたします。

二〇二二年冬の初まりに

小沢牧子

小沢牧子（おざわ まきこ）

1937年北海道生まれ。

慶応義塾大学と国立精神衛生研究所で、心理学および臨床心理学を学ぶ。そののち、心理相談の仕事を通して心理学とその実践に疑問を抱き、臨床心理学の点検と批判の研究を続ける。

和光大学、千葉県立衛生短期大学、文化学院専攻科で非常勤講師、国民文化教育総合研究所の運営・研究委員、社会臨床学会運営委員をつとめた。

おもな著書に『心の専門家はいらない』（洋泉社新書y）、『心理学は子どもの味方か？』（古今社）、『子どもの権利・親の権利』（日外教養選書）、『心の時代と教育』（青土社）、『子どもの場所から』、『学校って何』（小澤昔ばなし研究所）、共著に『心を商品化する社会』（中嶋浩籌と。洋泉社）、『学校という場で人はどう生きているのか』（浜田寿美男・佐々木賢と。北大路書房）、『老いと幼なの言うことには』（エリザベス・コールと。小澤昔ばなし研究所）ほかがある。

川崎市在住。

老いの場所から

2023年1月7日　初版発行

著　　者　小沢牧子

発　　行　有限会社　小澤昔ばなし研究所
〒214-0014　神奈川県川崎市多摩区登戸3460-1　パークホームズ704
TEL　044-931-2050　E-mail　mukaken@ozawa-folktale.com
発 行 者　小澤俊夫
印刷・製本　日本写真印刷コミュニケーションズ株式会社

ISBN978-4-910979-00-7 Printed in Japan
© Makiko Ozawa, 2023

小澤昔ばなし研究所刊

子どもの場所から
小沢 牧子 著
四六判二四二頁
定価一五四〇円

学校って何 ―「不登校」から考える
小沢 牧子 著
四六判二三二頁
定価一五四〇円

老いと幼なの言うことには
小沢 牧子
エリザベス・コール 共著
B5判変型九六頁
定価一六五〇円

昔話からのメッセージ ろばの子
小澤 俊夫 著
四六判二二四頁
定価一九八〇円

改訂 昔話とは何か
小澤 俊夫 著
四六判二七二頁
定価一九八〇円

日本を見つめる
小澤 俊夫 著
四六判二五四頁
定価一九八〇円

定価は消費税 10%です